U0515642

海上絲綢之路基本文獻叢書

宣和奉使高麗圖經（上）

〔宋〕徐兢 撰

文物出版社

圖書在版編目（CIP）數據

宣和奉使高麗圖經．上／（宋）徐兢撰．-- 北京：文物出版社，2022.7
（海上絲綢之路基本文獻叢書）
ISBN 978-7-5010-7580-5

Ⅰ．①宣… Ⅱ．①徐… Ⅲ．①中國歷史－筆記－宋代 Ⅳ．①K244.066

中國版本圖書館 CIP 數據核字（2022）第 087853 號

海上絲綢之路基本文獻叢書

宣和奉使高麗圖經（上）

撰　　者：〔宋〕徐兢
策　　劃：盛世博閱（北京）文化有限責任公司

封面設計：鞏榮彪
責任編輯：劉永海
責任印製：張道奇

出版發行：文物出版社
社　　址：北京市東城區東直門内北小街 2 號樓
郵　　編：100007
網　　址：http://www.wenwu.com
經　　銷：新華書店
印　　刷：北京旺都印務有限公司
開　　本：787mm×1092mm　1/16
印　　張：11
版　　次：2022 年 7 月第 1 版
印　　次：2022 年 7 月第 1 次印刷
書　　號：ISBN 978-7-5010-7580-5
定　　價：90.00 圓

總緒

海上絲綢之路，一般意義上是指從秦漢至鴉片戰争前中國與世界進行政治、經濟、文化交流的海上通道，主要分爲經由黄海、東海的海路最終抵達日本列島及朝鮮半島的東海航綫和以徐聞、合浦、廣州、泉州爲起點通往東南亞及印度洋地區的南海航綫。

在中國古代文獻中，最早、最詳細記載『海上絲綢之路』航綫的是東漢班固的《漢書·地理志》，詳細記載了西漢黄門譯長率領應募者入海『齎黄金雜繒而往』之事，書中所出現的地理記載與東南亞地區相關，并與實際的地理狀况基本相符。

東漢後，中國進入魏晉南北朝長達三百多年的分裂割據時期，絲路上的交往也走向低谷。這一時期的絲路交往，以法顯的西行最爲著名。法顯作爲從陸路西行到印度，再由海路回國的第一人，根據親身經歷所寫的《佛國記》（又稱《法顯傳》）一書，詳細介紹了古代中亞和印度、巴基斯坦、斯里蘭卡等地的歷史及風土人情，是瞭解和研究海陸絲綢之路的珍貴歷史資料。

隨着隋唐的統一，中國經濟重心的南移，中國與西方交通以海路爲主，海上絲綢之路進入大發展時期。廣州成爲唐朝最大的海外貿易中心，朝廷設立市舶司，專門管理海外貿易。唐代著名的地理學家賈耽（七三〇~八〇五年）的《皇華四達記》記載了從廣州通往阿拉伯地區的海上交通『廣州通夷道』，詳述了從廣州港出發，經越南、馬來半島、蘇門答臘半島至印度、錫蘭，直至波斯灣沿岸各國的航綫及沿途地區的方位、名稱、島礁、山川、民俗等。譯經大師義净西行求法，將沿途見聞寫成著作《大唐西域求法高僧傳》，詳細記載了海上絲綢之路的發展變化，是我們瞭解絲綢之路不可多得的第一手資料。

宋代的造船技術和航海技術顯著提高，指南針廣泛應用於航海，中國商船的遠航能力大大提升。北宋徐兢的《宣和奉使高麗圖經》詳細記述了船舶製造、海洋地理和往來航綫，是研究宋代海外交通史、中朝友好關係史、中朝經濟文化交流史的重要文獻。南宋趙汝適《諸蕃志》記載，南海有五十三個國家和地區與南宋通商貿易，形成了通往日本、高麗、東南亞、印度、波斯、阿拉伯等地的『海上絲綢之路』。宋代爲了加强商貿往來，於北宋神宗元豐三年（一〇八〇年）頒佈了中國歷史上第一部海洋貿易管理條例《廣州市舶條法》，并稱爲宋代貿易管理的制度範本。

元朝在經濟上採用重商主義政策，鼓勵海外貿易，中國與歐洲的聯繫與交往非常頻繁，其中馬可·波羅、伊本·白圖泰等歐洲旅行家來到中國，留下了大量的旅行記，記録元代海上絲綢之路的盛况。元代的汪大淵兩次出海，撰寫出《島夷志略》一書，記録了二百多個國名和地名，其中不少首次見於中國著録，涉及的地理範圍東至菲律賓群島，西至非洲。這些都反映了元朝時中西經濟文化交流的豐富内容。

明、清政府先後多次實施海禁政策，海上絲綢之路的貿易逐漸衰落。但是從明永樂三年至明宣德八年的二十八年裏，鄭和率船隊七下西洋，先後到達的國家多達三十多個，在進行經貿交流的同時，也極大地促進了中外文化的交流，這些都詳見於《西洋蕃國志》《星槎勝覽》《瀛涯勝覽》等典籍中。

關於海上絲綢之路的文獻記述，除上述官員、學者、求法或傳教高僧以及旅行者的著作外，自《漢書》之後，歷代正史大都列有《地理志》《四夷傳》《西域傳》《外國傳》《蠻夷傳》《屬國傳》等篇章，加上唐宋以來衆多的典制類文獻、地方史志文獻，集中反映了歷代王朝對於周邊部族、政權以及西方世界的認識，都是關於海上絲綢之路的原始史料性文獻。

海上絲綢之路概念的形成，經歷了一個演變的過程。十九世紀七十年代德國地理學家費迪南·馮·李希霍芬（Ferdinad Von Richthofen，一八三三～一九〇五），在其《中國：親身旅行和研究成果》第三卷中首次把輸出中國絲綢的東西陸路稱爲『絲綢之路』。有『歐洲漢學泰斗』之稱的法國漢學家沙畹（Édouard Chavannes，一八六五～一九一八），在其一九〇三年著作的《西突厥史料》中提出『絲路有海陸兩道』，蘊涵了海上絲綢之路最初提法。迄今發現最早正式提出『海上絲綢之路』一詞的是日本考古學家三杉隆敏，他在一九六七年出版《中國瓷器之旅：探索海上的絲綢之路》中首次使用『海上絲綢之路』一詞；一九七九年三杉隆敏又出版了《海上絲綢之路》一書，其立意和出發點局限在東西方之間的陶瓷貿易與交流史。

二十世紀八十年代以來，在海外交通史研究中，『海上絲綢之路』一詞逐漸成爲中外學術界廣泛接受的概念。根據姚楠等人研究，饒宗頤先生是華人中最早提出『海上絲綢之路』的人，他的《海道之絲路與昆侖舶》正式提出『海上絲路』的稱謂。選堂先生評價海上絲綢之路是外交、貿易和文化交流作用的通道。此後，大陸學者馮蔚然在一九七八年編寫的《航運史話》中，使用『海上絲綢之路』一詞，這是迄今學界查到的中國大陸最早使用『海上絲綢之路』的人，更多地限於航海活動領域的考察。一九八〇年北京大學陳炎教授提出『海上絲綢之路』研究，并於一九八一年發表《略論海上絲綢之路》一文。他對海上絲綢之路的理解超越以往，且帶有濃厚的愛國主義思想。陳炎教授之後，從事研究海上絲綢之路的學者越來越多，尤其沿海港口城市向聯合國申請海上絲綢之路非物質文化遺産活動，將海上絲綢之路研究推向新高潮。另外，國家把建設『絲綢之路經濟帶』和『二十一世紀海上絲綢之路』作爲對外發展方針，將這一學術課題提升爲國家願景的高度，使海上絲綢之路形成超越學術進入政經層面的熱潮。

與海上絲綢之路學的萬千氣象相對應，海上絲綢之路文獻的整理工作仍顯滯後，遠遠跟不上突飛猛進的研究進展。二〇一八年厦門大學、中山大學等單位聯合發起『海上絲綢之路文獻集成』專案，尚在醞釀當中。我們不揣淺陋，深入調查，廣泛搜集，將有關海上絲綢之路的原始史料文獻和研究文獻，分爲風俗物産、雜史筆記、海防海事、典章檔案等六個類別，彙編成《海上絲綢之路歷史文化叢書》，於二〇二〇年影印出版。此輯面市以來，深受各大圖書館及相關研究者好評。爲讓更多的讀者親近古籍文獻，我們遴選出前編中的菁華，彙編成《海上絲綢之路基本文獻叢書》，以單行本影印出版，以饗讀者，以期爲讀者展現出一幅幅中外經濟文化交流的精美畫卷，爲海上絲綢之路的研究提供歷史借鑒，爲『二十一世紀海上絲綢之路』倡議構想的實踐做好歷史的詮釋和注脚，從而達到『以史爲鑒』『古爲今用』的目的。

凡例

一、本編注重史料的珍稀性，從《海上絲綢之路歷史文化叢書》中遴選出菁華，擬出版百册單行本。

二、本編所選之文獻，其編纂的年代下限至一九四九年。

三、本編排序無嚴格定式，所選之文獻篇幅以二百餘頁爲宜，以便讀者閱讀使用。

四、本編所選文獻，每種前皆注明版本、著者。

五、本編文獻皆爲影印，原始文本掃描之後經過修復處理，仍存原式，少數文獻由於原始底本欠佳，略有模糊之處，不影響閱讀使用。

六、本編原始底本非一時一地之出版物，原書裝幀、開本多有不同，本書彙編之後，統一爲十六開右翻本。

目録

宣和奉使高麗圖經（上）

宣和奉使高麗圖經（上）

卷一至卷二十一

〔宋〕徐兢 撰

清抄本

宣和奉使高麗圖經序

奉議郎充奉使高麗國信所提轄人船禮物
賜緋魚袋臣徐兢撰

臣聞天子元正大朝會畢列四海圖籍于庭而王公侯伯萬國輻輳此皆有以揆之故有司所藏嚴毖特甚而使者之職尤以是為急在昔成周職方氏掌天下之圖以掌天下之地辨其邦國都鄙四夷八蠻七閩九貉五戎六狄之人民周知其利害而行人之官駱驛道路若賀慶犒禬之類凡五物之故莫不有治若康樂厄貧之類凡五物之辨莫不有書用以復命

於王俾得以周知天下之故外史書之以為四方之志司徒集之以為土地之圖誦訓道之以詔觀事土訓道之以詔地事此所以一人之尊深居高拱於九重而察四方萬里之遠如指諸掌當沛公初入關蕭何獨收秦圖書及天下已定而漢盡得知其阨塞戶口者繄何之明隋長孫晟之至突厥海游獵輒記其國土委曲歸表聞於文帝口陳形勢手畫山川卒以轉異日之效然則秉輶軒而使邦國者其於圖籍固所先務矧惟高麗在遼東非若侯甸近服可以朝下令而夕來上故圖籍之作尤為難也皇帝天德地業

畢朝萬國乃眷高麗被遇神考益加懷徠遴擇在廷
將命撫賜恩隆禮厚前未之有時給事中臣允迪以
通經之才超世之文取科甲著宿望中書舍人臣墨
卿學問高明見於踐履恪守忠孝臨事不回竝命而
行非獨其執節專對不減古人之膺使而風采聞望
自足以壯朝廷之威靈聳外夷之觀聽拜命未行會
聞王俣薨遂以奠慰之禮兼往臣愚猥承人乏獲聯
使屬之末事之大者固從其長而區區得以專達者
又不足以補報朝廷罷使之萬一退而自訟曰周爰
咨詢歌于皇華之詩則徧問以事正使者之職謹因

耳目所及博采衆說簡法其同于中國者而取其異焉凡三百餘條釐為四十卷物圖其形事爲之說名曰宣仁奉使高麗圖經臣嘗觀崇寧中王雲所撰雞林志始疏其說而未圖其形比者使行取以稽考為補已多今臣所著圖經手披目覽而遐陬異域擧萃于前蓋倣聚米之遺制也雖然者漢張騫出使月氏十有三年而後歸僅能言其所歷之國地形物産而已臣愚雖才不逮前人然在高麗纔及月餘授館之後則守以兵衞凡出館不過五六而驅馳車馬之間獻酬尊俎之上耳目所及非若十三年之久亦粗能得

其建國立政之體風俗事物之宜使不逃乎繪畫絕次之列非敢矜博洽飾浮詞以塵冕旒之聽蓋摭其事實以復于朝廷少逭將命之責也有詔上之御府謹掇其大槩爲之序云宣和六年八月日奉議郎充奉使高麗國信所提轄人船禮物賜緋魚袋臣徐兢謹序

仲父既以書上御府其副藏于家靖康丁未春里人徐周賓乞觀未歸而寇至失書所在後十年家君漕江西弭節于洪仲父來省或謂郡北

有醫上宜生實獲此書亟訪之其無恙者特海道二卷耳仲父嘗爲蔵言世傳余書往〻圖亡而經存余追畫之無難也然不果就嘻蓋棺事乃已矣姑刻是留澂江郡齋來者尚有考焉乾道三年夏至日左朝奉郎權發遣江陰軍主管學事徐蔵書

宣和奉使高麗圖經目録

儀物二

第十一卷

仗衛一

第十二卷

仗衛二

第十三卷

兵器

第十四卷

旗幟

第十五卷

車馬

第十六卷

官府

第十七卷

祠宇

第十八卷

道教

第十九卷

民庶

第二十卷

受詔

第二十六卷

燕禮

第二十七卷

館舍

第二十八卷

供帳一

第二十九卷

供帳二

第三十卷

器皿一

第三十一卷

器皿二

第三十二卷

器皿三

第三十三卷

舟楫

第三十四卷

海道一

第三十五卷

海道二

第三十六卷

海道三

第三十七卷

海道四

第三十八卷

海道五

第三十九卷

海道六

第四十卷

同文

宣和奉使高麗圖經目録

宣和奉使高麗圖經卷第一

建國

臣聞夷狄君長類以詐力自尊殊名詭號單于可汗無足稱者獨高麗自箕子之封以德取使後世稍衰他姓亦用漢爵代居其位上有常尊下有等衰故襲國傳世頗可紀錄今謹稽諸史敘其歷代之王作建國紀云

始封

高麗之先周武王封箕子胥餘於朝鮮寔子姓也歷周秦至漢高祖十二年燕人衛滿亡命聚黨椎結服

役蠻夷浸有朝鮮之地而王之自子姓有國八百餘年而為衛氏衛氏有國八十餘年先是夫餘王得河神之女為日所照感孕而卵生既長善射俗稱善射為朱蒙因以名之夫餘人以其生異謂之不祥請除之朱蒙懼逃焉遇大水無梁勢不能渡因持弓擊水而呪之魚鱉並浮因乘以濟至紇升骨城而居自號曰高句驪因以高為氏而以高麗為國凡有五部曰消奴部曰絶奴部曰順奴部曰灌奴部曰桂婁部漢武帝滅朝鮮以高麗為縣屬元菟郡其君長賜之鼓吹伎人常從郡受朝服衣幘縣令主其名籍後稍驕

不復諸郡於東界築小城歲時受之因名幘溝漊溝漊者高麗名城也於是始稱王焉王莽發其兵以誅匈奴不至降王為侯而麗人益寇邊光武中興麗遣邊吏建始八年遣使來朝因復王號列為外藩安帝以後部衆滋熾雖少抄暴旋即賓服初消奴為王既衰而桂婁代之至王宮生而開目能視國人惡之及長壯勇和帝時頻掠遼東傳至王伯固伯固死有二子長曰拔奇者不肖次曰伊夷模伊夷模國人立焉漢末公孫康擊破伊夷模於其國九都山下國人共立其子位宮位宮亦有勇力好鞍馬以其祖宮生而能視今王

亦然句驪為相似為位故名曰位宮魏將毋丘儉屠
之追至肅今上御名刻石紀功而還位宮五世孫劉晋永
嘉中與遼西鮮卑慕容廆鄰廆不能制朱仁紹入朝
具言國人思慕王化逼於强虜未能如願朝廷嘉之
賜詔褒諭大中祥符七年誦卒弟詢權知國事大破
契丹復謹修貢且乞降尊號頒正朔又求封冊真宗
皇帝初欲俯從議者難之遂寢止從班詔而已天聖
中使人屢與女真偕來貢方物天子加恩報禮優異
後詢卒子隆立優柔不斷政荒力屈憚于北虜遂復
臣事之而貢使又絕隆卒私謚曰正子德王欽欽等

穆王亨皆朝貢不通而朝廷亦罷遣使亨等徽熙寧
四年以權知國事復條方貢七年九年使人荐至神
宗皇帝加其忠蓋元豐元年命左諫議大夫安燾為
國信使起居舍人陳睦副之自明州定海絶洋而往
時徽病風痺僅能拜命且乞醫藥上覽其奏從之三
年四年遣使來朝六年徽卒立凡三十八年謚曰文
世子勳立百日卒弟國原公運立命左諫議大夫揚
景畧為祭奠使禮賓使王舜封副之右諫議大夫錢
勰為弔慰使西上閤門副使宋球副之康帝建元初
庬子釗帥師伐之大敗後為百濟所滅其後慕容寶

以其王高安為平州牧安孫璉義熙中遣長史孫翼獻赭白馬以為榮州牧高麗王樂浪郡公璉七世孫元隋文帝時率靺鞨寇遼東唐太宗時其東部大人盖蘇文賊虐不道帝親征之威震遼海高宗又命李勣缺一字平之俘其王高藏裂地而為郡縣建安東都缺一字所於平壤城以兵鎮守後武后遣將擊殺其至乞昆羽而立其王乞仲象亦病死仲象子祚榮立曰有其衆四十萬據于挹婁臣于唐中宗時乃置忽汗州以祚榮為都督渤海郡王其後遂號渤海初藏之俘也其酋長有缺一字岸岑者立藏外孫舜為王又命

高偘討平之都護府既屢遷舊城頗入新羅遺民散
奔突厥靺鞨高氏既絶久而稍復至唐末遂王其國
後唐同光元年遣使來朝國王姓氏史失不載長興
二年王建權知國事遣使入貢遂受爵以有國云

宣和奉使高麗圖經卷第一

宣和奉使高麗圖經卷第二

世次

臣聞史家之法傳遠者畧而近者詳高麗歷世之王臣既以槩敘之于前矣若乃王氏建國累世尊事本朝至王俁與今王楷又享禮加厚不可不條著之謹目其世次宗系而嗣以楷之行事云

王氏

王氏之先蓋高麗大族也當高氏政衰國人以建賢遂共立為君長後唐長興三年遂自稱權知國事請命于明宗乃拜建元菟州都督充大義軍使封高麗

王晉開運二年建卒子武立漢乾祐末武卒子昭立至皇朝建隆三年太祖皇帝御極奄有萬國昭遣使來朝賜以功臣之號仍加食邑開寶九年昭卒子伷立遣使請命封高麗國王太宗皇帝即立改封大順軍使太平興國七年伷卒弟治上章乞襲封詔從之淳化六年契丹攻之治畏懦無守臣事北虜遂闕朝貢治卒弟誦立咸平三年其臣七年七月自密之振橋航海而往八年哲宗皇帝踐祚使來奉慰又遣使來賀運立四年卒謚曰宣子堯立未閱歲而以病廢國人乃請其叔熙攝政未幾而堯卒謚曰懷乃襲位

自元祐五年至元符元年貢使再至三年遣使綏撫
遵元豐故事也皇帝嗣位遹追來孝丕承先烈薄海
内外無不臣妾德被藩服恩行海隅迺者崇寧元年
命戸部侍郎劉逵給事中吳拭持節往使禮物豐腆
恩綸昭回所以加惠麗國而褒寵鎮撫之以繼神考
之志蓋大而隆二年五月由明州道梅岑絶洋而往
時熙避契丹嫌名改熙曰顒然自神考有作務來遠
人天相睿謨王徽襲爵以承其旨殆非偶然徽忠順
循理知尊中國館待使華禮意勤厚至遇賈人亦有
禮貌治尚仁恕享國久長宜矣崇寧二年顒卒年五

十世子侯立自長興三年壬辰迨今宣和六年甲辰
王氏有國九世凡十七人合一百九十三年云

世系

建武昭伷

治

誦

詢隆欽

享

徽勳

運堯

顒俁楷

高麗國王王楷

楷王俁之世子也壬寅春三月俁病革召李資謙入議嗣事夏四月俁薨資謙等乃立楷為王楷眉宇疎秀形短而貌豐肉勝于骨性慧多學亦甚嚴明在春宮時官屬有過必遭譴辱既立雖幼沖國官頗畏憚之廼者信使至彼受詔拜表行燕享禮升降進退綽有成人之風亦當東夷之賢王也

宣和奉使高麗圖經卷第二

宣和奉使高麗圖經卷第三

城邑

臣聞四夷之君類多依山谷就水草隨時遷徙以爲便適固未嘗知有國邑之制西域車師鄯善僅能築墻垣作居城史家即指爲城郭諸國蓋誌其異也若高麗則不然立宗廟社稷治邑屋州閭高堞周屏模範中華抑箕子舊封而中華遺風餘習尚有存者朝廷間遣使存撫其國入其境城郭巋然實未易鄙夷之人也今盡得其建國之形勢而圖之云

封境

高麗南隔遼海西距遼水北接契丹舊地東距大金
又與日本琉球耽羅黑水毛人等國犬牙相制唯新
羅百濟不能自固其圉為麗人所并今羅州廣州道
是也其國在京師之東北自燕山道陸走渡遼而東
之其境凡三千七百九十里若海道則河北京東淮
南兩浙廣南福建皆可往今所建國正與登萊濱棣
相望自元豐以後每朝廷遣使皆由明州定海放洋
絶海而北舟行皆乘夏至後南風風便不過五日即
抵岸焉舊封境東西二千餘里南北一千五百餘里
今既并新羅百濟東北稍廣其西北與契丹相連昔

以大遼為界後為所侵迫乃築來遠城以為阻固然
亦恃鴨綠以為險也鴨綠之水原出靺鞨其色如鴨
頭故以名之去遼東五百里經國内城又西與一水
合即鹽難水也二水合流西南至安平城入海高麗
之中此水最大波瀾清澈所經津濟皆艤巨艦其國
恃此以為天塹水濶三百步在平壤城西北四百五
十里遼水東南四百八十里自遼已東即舊屬契丹
今虜衆已亡大金以其地不毛不復城守徒為往來
之道而已鴨綠之西又有白浪黄嵓二水自頗利城
行數里合流西南是為遼水唐貞觀間李勣大破高

麗於南穌既渡恠其水淺狹問之云是遼源以此知前古未嘗恃此水以爲固此高麗所以退保鴨綠之東歟

形勢

高麗素知書明道理拘忌陰陽之説故其建國必相其形勢可爲長久計者然後宅之自漢來徙九都山下後魏至唐皆居平壤至李勣平其地建都護府則嘗遁寄稍東不詳其所唐末復國當是今所都地蓋嘗爲開州今尚置開城府其城北據崧山其勢自乾亥來至山之脊稍分爲兩岐更相環抱陰陽家謂之

龍虎臂以五音論之王氏高姓也西位歆高明興乾西北之卦也來崗亥落其右一山屈折自西而北轉至正南一峯特起狀如覆盂因以爲按外復有一按其山高倍坐向相應賓主丙壬其水發源自崧山之後北直子位轉至艮方委蛇入城由廣化門稍折向北復從南地流出已上蓋乾爲金金長生在巳是爲吉卜自崧山之半下瞰城中左溪右山前崗後嶺林木叢茂形勢若飲澗蒼虬宜其保有東土歷年之久而常爲聖朝臣屬之國也

國城

高麗自唐以前蓋居平壤本漢武帝所置樂浪郡而唐高宗所建都護府也以唐志考之平壤城乃在鴨緑水東南唐末高麗君長懲累世兵火之難稍徙而東今王城在鴨緑水之東南千餘里非平壤之舊矣其城周圍六十里山形遼遶雜以沙礫隨其地形而築之外無濠塹不施女墻列太上御名延屋如廊廡狀頗類敵樓雖施兵仗以備不虞而曰山之勢非盡堅高至其低處則不能受敵萬一有警信知其不足守也外門十一各有標名舊志纔知其七今盡得之正東曰宣仁舊不見名止曰東大門曰崇仁舊曰求門曰安定舊曰須恤乃麗人方

言也東南曰長朔正南曰宣華舊不見門曰會賓曰泰安舊名真觀今易此名西南曰光德舊曰正州亦通其路耳州郡非門名所宜正西曰宣義曰後猊正北曰北昌舊名崧山時登山之路非本名也東北曰宣祺舊名金郊今易此西南隅王府宮室居之其東北隅卽順天館極加完葺西門亦壯麗蓋為中朝人使設也自京市司至興國寺橋由廣化門以迄奉先庫為長廊數百間以其民居隘陋參差不齊用以遮蔽不欲使人洞見其醜東南之門蓋溪流至巳方衆水所會之地其餘諸門官府宮祠道觀僧寺別宮客館皆囙地勢星布諸處民居十數家共一聚落井邑街市無足

取者摠其建國大槩而圖之其餘則互見於別篇

樓觀

王城昔無樓觀自通使以來觀光上國得其規模稍能（太上御名）治初惟王城宮寺有之今官道兩旁與國相富人稍稍僭侈入宣義門每數十家則建一樓俯近興國寺二樓相望左曰傳濟右曰益平王府之東二樓臨衢不見標牓簾幙華煥聞皆王族游觀之所人使經由則有婦女窺覘于其間衣服之飾不易民庶或云王每出游則其族始易錦繡也

民居

王城雖大磽确山壟地不平曠故其民居形勢高下如蜂房蟻穴誅茅爲蓋僅庇風雨其大不過兩椽而富家稍置瓦屋然十纔一二耳舊傳惟倡優所居揭長竿以別良家今聞不然蓋其俗淫祠鬼神亦厭勝祈禳之具耳

坊市

王城本無坊市惟自廣化門至府及館皆爲長廊以蔽民居時于廊間榜其坊門曰永通曰廣德曰興善曰通商曰存信曰資養曰孝義曰行遜其中寔無街衢市井至有斷崖絶壁蓁莽繁蕪荒墟不治之地特

外示觀美耳

貿易

高麗故事每人使至則聚為太市羅列百貨丹漆繒帛皆務華好而金銀器用悉王府之物及時鋪陳盖非其俗然也崇寧大觀使者猶及見之今則不然盖其俗無居肆惟以日中為虛男女老幼官吏工伎各以其所有用以交易無泉貨之法惟紵布銀缾以准其直至日用微物不足疋兩者(缺一字)以米計錙銖而償之然民久安其俗自以為(缺一字)也中間(缺二字)朝廷賜予錢寶今(缺二字)之(缺二字)時出以示官屬傳玩焉

郡邑

州縣之建實不副之缺一字聚缺一字之繁處自國之西北與契丹大金接境粗有壘塹其東南濵海亦有建於島嶼者惟西京最盛城市畧如王城又有三京四府八牧又為防禦郡一百一十八為縣鎮三百九十為州島三千七百皆設守令監官治民惟牧守都護公廨數楹令長則随所在舍于居民吏政租賦之外無健訟在官者公田不足以資用則亦仰給于富民云

宣和奉使高麗圖經卷第三

宣和奉使高麗圖經卷第四

門闕

臣聞黄帝堯舜尚象于豫乃設重門擊柝以待暴客後世聖人又差尊卑而為之等故聖人之門曰臯曰庫曰雉曰應曰路凡五諸侯則去其二焉曰庫曰雉曰路而已魯為周公後而新作雉門兩觀且不迯春秋之譏況其他侯乎高麗門闕之制亦頗遵古侯禮雖其屢聘上國亦頗效顰學步然材之工拙終以朴陋云

宣義門

宣義門即王城之正西門也西為金方於五帝屬義故以名之其正門二重上有樓觀合為瓮城南北兩偏別闢門相對各有武夫守衛其中門不常開惟王與使者出入餘悉由偏門也自碧瀾亭以至西郊乃過此門而後入館王城之門唯此最大且華蓋為國朝人使設也

外門

王城諸門大率草創唯宣義門以使者出入之所北昌門為使者回程祠廟之路故加嚴飾他不逮也自會賓長覇等門其制畧同惟當其中為兩戸無尊卑

皆得出入其城皆無夾柱護以鉄桶上為小廊隨山形高下而築之自下而望崧山之脊城垣逶迤若蛇虺蜿蜒之形長覇門通安東府光德門通正州宣仁門通揚金羅三州崇仁門通日本安定門通慶廣清三州宣祺門通大金國北昌門通三角山薪炭松子布帛所出之道也

廣化門

廣化門王府之偏門也其方面東而形制畧如宣義獨無甕城藻飾之工過之亦開三門南偏門榜儀制令四字北門榜周易乾卦 辭五字仍有春帖子云

雪痕尚在三雲陛日脚初升五鳳樓百辟稱觴千萬

壽袞龍衣上瑞光浮

昇平門

昇平門即王宫之正南門也上爲重樓旁起兩觀三

門並列制益宏大四阿各有銅火珠爲飾自門之内

左右分爲兩亭皆曰同樂矮墻幾百堵相屬以至神

鳳門兩門之制又壯大于昇平矣東曰春德通世子

宫西曰太初通王居備坐又十餘步即閶闔門乃王

奉迎詔書之所也左右兩挾有承天門自是而上山

勢稍逼中庭隘狹去會慶殿門不過數丈耳昇平神

鳳閶闔三門制度文采大抵相類而神鳳爲冠題牓之字金書朱地有歐率更之體大抵麗人多法古不敢以臆説巳見而妄爲俗體也

同德門

門德左右二門相對其中即昇平門也形制畧似殿門而極高惟無臺觀昌德會賓春宫承休其制與同德不異特閶門與承天二門差褊爾

殿門

會慶殿門在山之半石梯磴道高可五丈盖正殿之門也並列三門中門惟詔書得入王與人使分左右

而行門外列戟二十四枚甲冑之士执其儀衛守衛甚衆特嚴於他門耳

宣和奉使高麗圖經卷第四

宣和奉使高麗圖経卷第五

宮殿一

臣仰惟神宗皇帝誕敷文教覃被遐方貢琛面内者梯航沓至惟高麗尤加禮遇因遣近侍銜命綏撫嘗頒曆旨凡相見處殿名鷗吻更不回避以是知聖謨宏遠不責蠻夷以小節而嘉其忠順之大義也夏童北虜氈城穹廬四時隨水草溫涼以徙初無定都若高麗自前史已載其依山谷而居少田業力作不足以自資其俗節于飲食而好修宮室故至今王之所居堂太上御名仍在圓櫨方頂飛翬連甍丹碧藻飾望之

潭潭然依崧山之脊躡道突兀古木交陰殆若嶽祠山寺而已今繪其形制仍不廢其名也

王府

王府内城環列十三門各揭名額隨方見義唯廣化門正東通長衢殿門十五唯神鳳為最華内府十六尚書省為冠九殿參差會慶為正寢三閤鼎峙清燕為壯麗後有小殿以為燕居之所日視事于便座唯施茵褥于榻上國官親侍跪列其側聽受王旨次第傳出大臣五日一見別有議政之堂餘官則朔望之外四見于王聽旨受事則立于門外唯執奏官當門

授之升階復位皆脫屨膝行而進退徃來廷趨必面王磬折其謹如此至餘屋宇則皆草創名浮于實不足詳紀析而圖之或互見于諸篇也

會慶殿

會慶殿在閶闔門內別有殿門規模甚壯基址高五丈餘東西兩階丹漆欄楹飾以銅花文采雄麗冠于諸殿兩廊通三十間中庭甃石也虛不堅行則有聲常禮不敢居惟人使至則受詔拜表于庭下燕會則設使副之席于殿之西楹東向上節位于東序中節位于西序下節位于門之兩廈而北向餘禮則別殿

以別之

乾德殿

乾德殿在會慶殿之西北別有殿門其制五間視會慶殿差小故事人使至彼第三會王禮加勤特出姬侍側燕于其中彼使者至階以拘衣制不講惟同會慶酬酢而止若朝廷非専遣使雖郡吏使臣持牒傳命亦燕于此殿特禮文有隆殺耳

長和殿

長和殿在會慶之後直北一崗地勢高峻形制益隘不逮乾德兩廡皆帑藏其東貯聖朝所錫內府之珍

其西以儲其國金帛之類警備之卒視他所加嚴焉

元德殿

元德殿在長和殿之後也地势益高營治草率聞其王不常居惟隣國侵逼邊陲有警則即之發兵命將若刑殺樞要之士則與近臣親密者一二人議決于此

萬齡殿

萬齡殿在乾德之後基太上御名差小而藻飾華麗蓋寢室也姬嬪侍女於兩廡列室而環居自崧山之半下視其室奥亦不甚寬敞諒其姬侍之數亦稱其居

宣和奉使高麗圖經卷第五

宣和奉使高麗圖經卷第六

宮殿二

長齡殿

長齡殿在乾德之東紫門内其制三間雖華煥不逮萬齡而規模過之每中朝使者欲行前期必有先書介紹至則於此受之賈人之至境遣官迎勞舍館定然後于長齡受其獻計所直以方物數倍償之

長慶殿

長慶重光宣政三殿舊記雖載其名今聞更脩重光長慶易為別殿恐是今建閣之地宣政即外朝也歳

時與其臣屬會飲王誕日亦有節名王俁以八月十七日生謂之咸寧其日大會公侯貴臣近侍于長慶中國賈人之在館者亦遣官爲筵伴開華夷二部樂亦有致語嘗記其口號曰當時瑞色照宫林和氣濃濃破積陰香火千家祈國壽笙歌二部樂賓心興酣日影移珠箔舞罷花枝倒玉簪須信清歡酬美景從容莫訴酒杯深

延英殿閣

延英殿閣在長齡之北制度大小略如乾德王于此親試進士又其北曰慈和亦爲燕集之處前建王閣

曰寶文以奉累聖所錫詔書西曰清燕以藏語史子集當太上御名得其燕記文曰開府儀同三司守太保兼門下侍郎監脩國史上柱國江陵郡開國侯食邑一千三百戶食實封三百戶臣金緣奉教撰通奉大夫寶文閣學士左散騎常侍上護軍唐城郡開國男食邑三百戶賜紫金魚袋臣洪灌奉教書并篆額王以聰明淵懿篤寔輝光之德崇尚儒術樂慕華風故於大內之側延英書殿之北慈和之南別創寶文清燕二閣以奉聖宋皇帝御製詔勅書畫揭為訓則必拜稽肅容然後御觀之一以集周孔軻雄以來古今文

書曰與老師宿儒討論敷暢先王之道藏焉脩焉息
焉游焉不出一堂之上而三綱五常之教性命道德
之理充溢于四履之間越今年丁酉夏四月甲戌有
二日特召守太傅尚書令帶方公臣俌守大傅尚書
公太原公臣倖守太保齊安侯臣僐守太保通義侯
臣僑守太保樂浪侯臣景庸門下侍郎臣儒門下侍
郎臣資謙臣緣中書侍郎臣仲瑋參知政事臣畯守
司空臣至和樞密院使臣軌知樞密院使臣字之同
知樞密院事臣安仁等置高會于清燕閣乃從容謂
曰予顧德不類賴天降康廟社儲祉金華偃于三邊

文軌同乎中夏凡立政造事大小云爲罔不資稟崇
寧大觀以來施設注措之方其于文閣經筵求訪儒
雅道宣和之制也深堂密席延見輔臣法太清之宴
也雖禮有隆殺而優賢尚能之意則其致一也今入
朝進貢使資諒責桂香御酒龍鳳茗團珠菓寶皿來
歸嘉與卿等樂斯盛美臣僚皆惶駭恐懼退伏階陛辭
以固陋不敢干威禮王趣令就座溫顏以待之倫物
以享之其供張之設器皿之列觴豆之實菓核之品
則六尚之名珍四方之美味無一不具復有上國玻
梨瑪瑙翡翠犀兕瑰奇玩用之物交錯于按上塡篚

椌楬琴瑟鐘磬安樂雅正之聲合奏于堂下王執爵命近臣監勸曰君臣交際惟以至誠其各盡量不辭而飲左右再拜告旨而卒爵或獻或酬和樂孔皆乃觴酒九行旦令退息續有中貴人押賜襲衣寶帶以將其厚意焉既而復名促席而坐使飲食舉措各自便或開懷以言笑或縱目以觀覽欄楯之外疊石成山庭除之際引水為沼崗崒萬狀清渟四徹洞庭吳會幽勝之趣生而終宴無憚暑之意盡醉劇飲夜艾而罷于是縉紳士大夫舉欣欣然有喜色而相告曰吾王以慈儉為寶而無肆溢之行衣不御文繡罷不

用雕鏤猶慮一夫之不得所一事之不合度每日集勞惻怛于宵旰之中至于燕群臣嘉賓則發內府之寶藏傾上國之異恩而窮日之力以火繼之猶不以為侈其尊賢重禮好善忘勢之心實可謂高出百王之上矣臣嘗聞昔魯公用天子禮樂以化成風俗故於泮宮則先生君子與之為樂其詩曰魯侯戾止在泮飲酒既飲旨酒永錫難老燕于路寢則大夫庶士與之相宜其詩曰魯侯燕喜宜大夫庶士邦國是有既多受祉今吾君奉天子恩意以寵待臣鄰故公卿大夫懷天保報上之意言語法從賦我有嘉賓之詩

聲史歌工作君臣相悅之樂惟忻交通禮義率度當斯時也人靈之和氣天地之休應上下之施報風俗之化源皆出于飲食衎衎載色載笑之間豈止永錫難老既多受祉而已耶必當億萬斯年享太平之福而對揚天子求永無疆之休臣愚且拙遭逢萬幸代匱宰府不以臣之不材特有書命之事辭不獲已謹拜手稽首而強為之記

臨川閣

臨川閣在會慶殿西會同門内為屋四楹窓戶洞達外無重簷頗類樓門非燕集之地其中藏書數萬卷

而已

長慶宮

長慶宫在王府之西南由嵩山麓有二小徑北通王府東通宣義閣長衢老屋數十楹王顒諸妹居其中後出適人遂虚其地荒蕪益甚俁疾革乂即之醫治已而不起因以爲祠奉之所俁之侍姬與其舊僚屬十數人守之比使者銜釁眷之隆遵元豐舊制祭奠前王弔慰其嗣皆于長慶拜而受之

左春宫

左春宫在會慶殿之東春德門内王之嫡長子初立

曰世子既冠而後居之屋宇制度殺于王宮其大門
榜曰太和次曰元仁次曰育德聽事之堂無榜梁棟
脩偉屏上書文王世缺五字屬缺二字人右春宮在屏平
門外缺五字王之姊妹諸女居之
宮
缺五字其子弟所居皆謂之宮王母妃缺五字給宮受田
以奉湯沐或空不居缺五字而供租賦雞林宮在王府
之西缺五字巖山之阜又有辰鼓朝鮮常安缺五字冠六
宮分置城内皆王伯叔昆缺五字繼母之宅缺二字慶今
公族不見缺五字十室九缺一字其田上等缺一字於壽昌

缺五字王府又置官以掌之

宣和奉使高麗圖經卷第六

宣和奉使高麗圖經卷第七

冠服

臣聞東夷之俗斷髮文身雕題交趾高麗自箕子封時已教以田蚕之利則當有衣冠矣漢史稱其公會衣服皆錦繡金銀首飾而太和主簿著幘如冠小加著折風如弁豈依倣商周冠弁之制而然乎唐初稍服五采以白羅為冠革帶皆金飾逮我中朝歲通信使屢賜襲衣則漸漬華風被服寵休洽然正變一遵我宋之制度焉非徒鮮辮削衽而已也然而官名參差朝衣燕服時有同異者謹列之作冠服圖

王服

高麗王常服烏紗高帽窄袖緗袍紫羅勒中間繡金碧其會國官士民則加幞頭束帯祭則冕圭惟中朝人使至則紫羅公服象笏玉帯拜舞抃蹈極謹臣節或閒平居燕息之時則皂巾白紵袍與民庶無别也

令官服

高麗建官唐武德間有九等一曰大對盧事樞密使副同知院奏事等官通許服之

近侍服

近侍之服紫文羅袍御仙金帯仍佩金魚自左右常

侍御史大夫左右丞六尚書翰林學士承旨學士以上及祗待國朝使命接伴館伴官悉服之

從官服

從官之服紫文羅袍御仙金帶御史中丞諫官給事侍郎州牧留守使副閤門執贄六尚直宮都知兵馬四部護使等與其非泛恩數悉服之王之世子及王之兄弟亦然

卿監服

卿監之服緋文羅袍紅鞓犀帶仍佩銀魚六寺卿貳省部丞郎國子儒官秘書典職以上悉服之

朝官服

朝官之服緋文羅袍黑鞓角帶仍佩銀魚司業博士史館校書太醫司天兩省録事以上悉服之其於階官亦限年數必待遷升而後改易也館伴見中朝人使于館中則各置二人服緋前道唯不佩魚當是倣本朝朱衣吏引之制也

庶官服

庶官之服緑衣木笏幞頭烏鞾自進士入官省曹補吏州縣令尉主簿司寧等悉服之

宣和奉使高麗圖經卷第七

宣和奉使高麗圖經卷第八

人物

臣聞東南之夷高麗人材寖盛仕于國者唯貴臣以族望相高餘則或由進士選或納貲爲之與夫世祿吏職莫不有等故有職有階有勳有使有檢校有功臣有諸衛仰稽本朝官制而以開元禮參之然而名寔不稱清濁混淆徒爲虛文耳今使者入境皆擇臣屬通敏者付以將迎之禮以州牧則有若刑部侍郎知全州吴俊和禮部侍郎知清州洪若伊户部侍郎知廣州陳淑以迎勞餞送則有若銀青光祿大夫吏

部侍郎朴昇中開府儀同三司守太保中書侍郎中
書門下平章事金若溫開府儀同三司守太保門下
侍郎同中書門下平章事崔洪宰開府儀同三司守
太保門下侍郎兼中書門下平章事林文友同知樞
密院事拓俊京李資德凡此皆王之近臣也除王有
四會之外與之燕飲酬酢衎衎如也以私覿送遺則
有若户部侍郎梁麟金惟楝刑部侍郎林景清工部
侍郎盧令琚中侍大夫黃君裳工部郎中鄭俊左司郎
中李之甫殿前承旨林寵臣朝散郎祕書丞金端閣
門使金輔臣閤門通事舍人李穎之曹祺內殿崇班

胡仁頴引進使王儀閤門祗候高唐愈敏仲衛通事舍人李漸梁文矩中衛郎劉及中亮郎彭京忠訓郎王承成忠郎李俊琦金世安保義郎李俊異承節郎許宜何景陳彥卿以傳命贊導則有若正議大夫禮部尚書金富佾通議大夫殿中監鄭覃尚書李璹中亮大夫知閤門事沈安之中亮大夫閤門副使劉文志閤門引進使金義元閤門通事舍人沈起王洙金澤李銳材金純正黃觀李瑊陳廸閤門祗候尹仁男朴承鄭擇陳偁通事舍人李德升吳子璵卓安皆以才能辯博乃膺是選爰自相見以迄言旋其相與燕

樂游觀捍邏之儀文采雍容有足觀者今姑自李資謙而下圖其形者五人并其族望而爲之說

守太師尚書令李資謙

高麗素尚族望而國相多任勳戚自王運娶李氏之後而俣爲世子時亦納李氏爲妃由是門户始光顯資謙之兄資義在前代時已爲國相坐事流竄故資謙視覆車之戒每自脩飭俣深信重之使爲春宫傅友時楷尚冲幼資謙擇博學多聞之士八人以導翊之如金端策項自本朝賜第歸國正預選掄壬寅夏四月俣薨諸弟爭立先是顒有五子而俣居長資謙

已立楷仲父帶方公俌意欲奪其位遂與門下侍郎韓皦知樞密使文公美謀為不軌而禮部尚書李永吏部侍郎鄭克永兵部侍郎林存等十餘人為内應未及舉而謀泄即擒捕下吏資謙乃諷王放俌於海島而諸郡悪連逮支黨數百人故以定亂之功進封太師益加食邑采地位尚書令資謙風姿凝静儀矩雍容好賢樂善雖秉國政頗知推尊王氏在夷狄中能扶獎王室亦可謂賢臣矣然而信讒嗜利治田疇第宅阡陌相連制度侈靡四方饋遺腐肉常數萬斤他皆稱是國人以此鄙之惜哉

接伴正奉大夫刑部尚書柱國賜紫金魚袋

尹彦植

尹氏素以儒學知名璀在王俣時爲樞府嘗朝貢至中國而彦植乃其子也世與李氏通昏又與資謙厚善楷在春宫而彦植亦預引翼之列故楷立而進宫崇貴彦植美風資人質修偉宛然有儒者之風不可以蠻夷接之也

同接伴通奉大夫尚書禮部侍郎上護軍賜紫金魚袋金冨軾

金氏世爲高麗大族自前史已載其與朴氏族望相

埒故其子孫多以文學進冨軾豊貌碩體面黑目露然博學强識善屬文知古今爲其學士所信服無能出其右者其弟富轍亦有詩譽嘗密訪其兄弟命名之意蓋有所慕云

館伴金紫光禄大夫守司空同知樞密院事

上柱國金仁揆

金景融王顒世太傅守中書令仁揆即其子也顒父徽嘗娶金氏女缺一字於仁揆有元舅之尊韓繳如等叛李資謙挾王楷以誅群惡而仁揆與有力焉故缺一字位司空使缺一字樞府仁揆頎而美鬚貌魁秀進止

端重缺字一為所擇以接使華也

同館伴正議大夫守尚書兵部侍郎上護軍

賜紫金魚袋李之美

高麗每中朝人使至必遴擇人材或經朝貢者以為

館伴之美即資讜之子風貌美秀往嘗入覲天闕任

館累月其缺字一事無巨細悉稟之之美處決無不中

禮進趍詳雅綽有華風每言及朝廷必卷卷有傾葵

之意其忠誠亦可嘉尚云

宣和奉使高麗圖經卷第八

宣和奉使高麗圖經卷第九

儀物一

臣聞諸蠻之國惟有君長其出入則不過以旌旗十數自随與其臣屬略無分辨唯高麗素通朝聘久被漸摩故其君臣上下動有禮文王之廵行各有儀物神旗前驅甲士塞途六衛之軍各執其物雖不盡合典禮然而比之諸蠻槩然可觀此孔子所以欲居而不以為陋也況箕子之國而為聖朝眷懷之厚者乎今并繪其物儀如後

盤螭扇

盤螭扇二製以緑羅朱柄金飾中繡單螭蜿蜒屈曲一角無鱗形寔類龍盖蛟虬之属也王行則在前衣錦袍袓風親衛軍执之燕則止于庭中禮畢乃撤

雙螭扇

雙螭扇四采色裝飾略同單螭但繡形並列行禮則亦以親衛軍执之

繡花扇

繡花扇二製以絳羅朱柄金飾中繡牡丹双花扇之形制比之螭文其上徽窪行禮排立在螭扇之次亦以親衛軍执之三色之扇各廣二尺高四尺其笴各

長一丈云

羽扇

羽扇四其制缺三字羽缺一字以爲之下以銀飾狀如文缺一字花以黃金缺二字華采但難于愛護歲月既久則羽毛缺一字落其形上方今當國其完形如初缺六字可考也其制笴長一丈扇廣一尺五寸高二尺行禮則以金花曲脚幞頭錦衣親衛軍將執之

曲蓋

曲蓋二其形六角各有流蘇絳羅被飾工爲明珠金銀閒錯其柄微曲王之出入不覆其下唯以衛軍執

之前驅數十步以爲儀式其制高一丈一尺廣六尺

青蓋

青蓋之制略同中國絳羅爲裏廣幅垂下復加黄絲組綬以爲美飾閒常用以紅唯人使至則以青羅罩之蓋麗人以紅爲最貴非國王不得用今此覆蓋亦恭順聖朝謙避使節之一端耳

宣和奉使高麗圖經卷第九

宣和奉使高麗圖經卷第十

儀物

華蓋

華盖之制文羅繪繡間錯為之上有六角各出流蘇狀如佩環五采垂帯相比仍有鸞豰其盖縱三尺横六尺長二丈五尺大禮則以金吾仗衛軍執之立于閶闔門外

黄幡

黄幡之制以文羅為上上綉祥雲其形銳兩〃角設流蘇動摇有豰幡之首尾通長九尺闊一尺五寸竿

長一丈五尺大禮則以輿華蓋並列而所執之軍服飾一等也

豹尾

豹尾之制建于竿上大小不一當是隨其獸之形而取之迎詔則以千牛衛軍執之在前及門則立于同德昇平兩閤也

金鉞

金鉞之制略同桂斧於竿之杪立一翔鳶行則動搖有鶱騰之勢王行則龍虎親衛軍將一人執之從于後

毬杖

毬杖之制以木刻成褁以白金中有小好貫采綬而垂之大禮則以散員校尉十人執之立于會慶殿兩階之下

旂旆

旂旆之制以絳羅爲之次第相屬繫于竿上又於其杪以白羽爲之飾自郡山島已見之惟領軍執事者各給馬盖籍以指麾之物此衛軍所以旂頭爲高品也

宣和奉使高麗圖經卷第十

宣和奉使高麗圖経卷第十一

仗衛一

臣聞高麗王城仗衛比他郡最盛盖驍勇萃于此當
中朝使至盡出之以示榮觀焉其制民十六以上充
軍役其六軍上衛常留官府餘軍皆給田受業有警
則執兵赴敵任事則執役服勞事已則復歸田畝偶
合前古鄉民之制初高麗在魏缺字一戶不過三萬至
唐高宗下平壤收其兵乃三千領隊伍有正步列有
等列為六軍曰龍虎神虎興威金吾千牛控鶴分為
兩衛曰左衛右衛別以三等曰超軍猛軍海軍無點

墨之制無營屯之居唯給使于公以衣服爲别而已鎧甲上下連屬制如逢掖形狀詭異金花高帽幾及三尺錦衣青袍綬帶垂胯蓋其國人質佅儒特加高帽錦采以壯其容耳今繪圖各以名色列之于后

龍虎左右親衛旂頭

龍虎左右親衛旗頭服毬文錦袍塗金束帶展脚幞頭略類中朝服度持小旗旆以令六軍蓋軍衛之隊長也唯王府之内衛者二人使者至則置一人于兵仗内乘馬前導蓋所以待使人而供給皆輟侍王之人禮至于此可謂至矣

龍虎左右親衛軍將

龍虎左右親衛軍將亦服毬文錦袍塗金束帶帽頭兩脚折而上右勢微屈飾以金花王出入則十餘人執羽扇金鉞以從

神虎左右親衛軍

神虎左右親衛軍服毬文錦袍塗金束帶金花大帽仍加紫帶繫于領下如紘纓之屬形製極高望之巍然昔齊永寧中高麗使至服窮袴冠折風中書郎王融戲之曰服之不衷身之災也頭上定是何物答曰此則古弁之遺像也今觀高帽之制其折風之俗今

循然也

興威左右親衛軍

興威左右親衛軍服紅文羅袍以五采團花點纈為

飾金花大帽黑犀角帯王之左右二十餘人出則執

鏽文綉花大扇曲蓋扈從前後常服且龍虎神威以

下皆以紫帽無金飾諸衛中唯此等一等人質差偉

焉

上六軍左右衛將軍

上六軍左右衛將軍被介冑烏革間鐵為之文錦絡

縫使相連屬自腰以下埀十餘帯飾以五采繡花左

佩弓劍拱手鞠躬立于殿門之上惟受詔拜表日會慶殿中門六人兩偏門各四人屹然山立如土木偶恭肅之容亦可尚也

上六軍衛中檢郎將

上六軍衛中檢郎將蓋有功于禁宮者以次遷補王所親信賴以保捍內外常服皆紫衣幞頭唯大禮齋祭受詔拜表則介冑而出兜鍪不加于首而負于背褁紫文羅巾飾以珠貝左佩弓劍手執彈弓王行則在前有喧嘯則控絃不發而為之警大皆肅然飛鳥過則以丸擊之夜則秉炬而行巡視不惰嘗疑執彈

之義問云取御史彈劾之義

龍虎中猛軍

龍虎中猛軍服青布窄衣白紵窮袴復加鎧甲唯無覆膊首不施胄背負而行各執小矛上繫白旗大不盈尺繪雲爲飾迎詔入城受詔拜表則在衆仗之後夾道而進府會遊觀惟不施甲胄兵仗中獨此軍最衆約三萬人

金吾仗衛軍

金吾仗衛軍服紫寬袖彩團者幞頭以朿上束各隨其方之色方爲一隊隊爲一色間繡團花爲飾執持

幡蓋儀物立于閶闔門外

控鶴軍

控鶴軍服紫文羅袍五綵間繡大團花爲飾上折脚幞頭凡數十人以奉詔輿王輿人使私覿往來則奉箱篚

宣和奉使高麗圖經卷第十一

宣和奉使高麗圖経卷第十二

仗衛二

千牛左右仗衛軍

千牛左右仗衛軍服緋窄衣着加皮弁黑角束帯腰有二襜飾以獸文手執小戈上貫一鼓其制如鞉亦有執畫戟鐙杖豹尾之屬與此服飾皆一等也

神旗軍

神旗軍以皮蒙首上為木臭狀獸額示服猛也朱衣短後復加两襜飾以獸文惟迎詔受禮則陳于前張五方火神旗載以車軸隨所向安立每車十餘人山

路閭閻突兀時方大暑汗流浹背比之他儀最為勞耳

龍虎上超軍

龍虎上超軍服青布窄衣文羅頭巾前襟與背皆有團號其制不一王宮使令咸以龍文餘以盤花悉皆蹙金雜作間綉制作精巧館中三節位側布列三二人名曰巡邏實察非常也人使出入則亦給使上節千餘人以等殺之

龍虎下海軍

龍虎下海軍服青布窄衣黃綉盤鵰紅革銅帶執朱

柄檻順天門守衛二十餘人每至館會則列于庭中酒行則殺喏而退東西兩序交互卷行復出門外

官府門衛校尉

官府門衛校尉服紫文羅窄衣展脚幞頭右佩長劍拱手而立考其所任之職總轄兵階戰陣獲敵首不預賜銀者次第遷補以留王府守衛諸門自會慶門置左右親衛將軍外其餘内則廣化外則宣義諸門皆有之至于寺觀官府時亦用焉然服人材皆所不遠當是一時旋置以他名色人充代非一等品秩也

六軍散員旗頭

六軍散員旗頭自紫燕烏方見之亦軍中之總領者展脚幞頭紫文羅窄衣束帶草屨手執旗旆仗衛儀物領軍親事每隊各一人行則進退視以為準正中華人員之類也

左右衛牽攏軍

左右衛牽攏軍服紫窄衣練鵲文綿絡縫烏紗軟帽布襦革履以馭衆馬唯使副上節官有之餘皆龍虎超軍代之

領軍郎將騎兵

領軍郎將騎兵服飾其等不一凡紫羅戰袍白袴皂

之

鐙杖

鐙杖之設國王受詔則有之上爲馬鐙其竿丹漆使者前驅千牛衛軍數十人執之王行則在前而鐙以塗金爲飾餘制悉以鐵爲之

戟

戟有二等會慶門中各列十二枚上下以金銅爲飾形制極大迎詔設燕則兵仗中所列者才及六尺許大抵略同中華而制作大小不等耳

胡笳

胡笳之制上銳下豐其形差短使者初至群山島巡尉將迎舟卒服青衣而吹之其聲鳴咽不成曲調唯覺群噪如蛟虻之音迎詔則在前行每數十步輒稍却四面詔輿而吹聲止乃行然後擊鐃鼓爲節

獸牌

獸牌之制木体革鞔繪狻猊狀上施五兩而以雉尾蔽之蓋以自障且能刺人而不使之洞見其犀利也然徒以百戲小兒所執恐不足以禦矢石今高麗兵仗中二等皆有之特小大之異耳

佩劍

履文羅為中飾以珠貝者皆麗人也至服青緑緊絲大花戦袍其袴或以紫或以黄或以皂髡髪而巾制不裹切附於頂聞是契丹降卒使副會于王府還至奉先庫前岡阜之上見前驅數十騎鳴鸞馳驟跳梁鞍韉閒軽鋭鐃捷意欲燿武島夷僻遠偶有劲卒而急于人知亦可笑也

領兵上騎將軍

領兵上騎將軍服紫羅窄衣展脚襆頭右帯虎韔左持弓矢兵仗内列凡百餘人分為兩隊每人使出在前至廣化門則下馬止而不入歸館則止于順天外

門行列則極齊飭非比郎騎也

宣和奉使高麗圖經卷第十二

宣和奉使高麗圖經卷第十三

兵器

臣聞范曄書云夷者柢也言仁而好生萬物柢地而生出故天性柔順所以不若西戎之喜兵也高麗固箕子八條所教之地然其兵器甚簡而踈豈原其性然耶兵法曰兵不犀利與徒搏同推麗人之兵踈簡此所以屢為匈奴所扼而不能與之校雖然異俗器械各有所施不可以不知今具其名物次之於左

行鼓

行鼓之狀稍類雅樂之搏拊也中腔差長而以銅環

飾之貫以絨帶繫于腰下軍行則在前與金鐃間擊其節頗緩金鐃之形與中華制度不異故略而不圖

弓矢

弓箭之制形狀簡略如彈弓其身通長五尺而矢不用竹多以柳條而複短小發矢不候引（缺一字）舉身送之雖矢去甚遠而無力殿門守衛仗內騎兵及中檢郎將皆以虎韔而挾之備不虞也

貫革

貫革之狀略如靴鼓兩邊皆有皮耳動搖有聲貫於矛上每隊二十餘人大禮則以千牛左右仗衛軍執

佩劒之飾形長而刃利白金烏犀間錯海沙魚皮以為鞘旁為環細貫以采組或以革帶以象王璏琫珌之屬亦古之遺制也門衛校尉中檢郎騎皆佩之

宣和奉使高麗圖經卷第十三

宣和奉使高麗圖經卷第十四

旗幟

臣聞高麗儀制每齋祭祀天則建大旗十面各隨其方之色錯繪神物號曰神旗其制極廣每旗當用帛數足下以車軸逐車以緋衣仗軍十餘人駕之隨王所在次第安立四面各施大繩以備風勢高十餘丈國人望神旗所植則不敢向惟詔書初入城以至受禮皆特用之蓋尊上命也餘有五方中旗自上郡山島已見之唯紅旗有飾龍虎猛軍甲士所執又有小白旗大不盈掌繫于竿上略同兒戲今並列于圖云

象旗

象旗二其制身與旒皆黑法水數也中繪一象前一胡兒持一金戈復以大繩牽掣其首有左顧之意行則舉其後轅隨地勢扶持而前至行禮之時則依方向建立衆旗之位以黑爲先考之禮經武車綏旌德車結旌則知建旗于車自古已然不特夷也

鷹隼旗

鷹隼旗二其制身與旒皆赤法火數也中繪鷹隼騫騰而上有疾而速之意周官鳥隼爲旟今此赤旗用鷹亦偶合古制也其行在象旗之次

海馬旗

馬旗二其制身與旒皆青法木數也中繪一馬前膊有鬣狀如火熾蓋馬火畜也繪于青旗以象木火相生位應青龍朱雀二神其行在鷹旗之次

鳳旗

鳳旗二其制身與旒皆黄法土數也中繪飛鳳〻之為物身被五綵位應中宮蓋五行非土不生故五方之色備于羽毛所宜取象其行在太白旗之次

太白旗

太白旗二其制身與旒皆白法金數也中繪一人金

冠玉圭黄衣緑帔以象太白下乘一亀〻有蛇首取其金形盖金為水母水能生金位應白虎真武二神禮經載國君之行前朱雀而後真武左青龍而右白虎於二旗互見頗合古制其行在馬旗之次

北方旗

北方之旗黑水一旒其廣二幅無繪繡之文人使初至境以迄入城與諸旗為前導其行無次其建無數以青衣軍執之初國信使副依舊例給錦繡間錯轉光旗四十面詔書初入城令舟人執而前導輝映郊野麗人駭觀頌目 其陋焉

南方之旗赤色一旒中繪神人手執木槌差異他者

五方之旗獨赤旗多耳

東方之旗青色一旒中無繪綉廣狹多少與諸旗相

對

西方之旗白色一旒亦無繪綉比之諸旗數目差少

中央之旗黄色一旒亦無繪綉唯群山島紫燕島祗

迓信使列于海岸則有之又有一等雜采間錯中有

轉光四角繪雲諸州巡尉戰船邏兵執之

小旗

小旗之制紅旒白身上繪緑雲人使入城國王迎詔

則龍虎數萬人披甲執之甲道

宣和奉使高麗圖經卷第十四

宣和奉使高麗圖經卷第十五

車馬

臣聞有國必有兵而兵以車運車以馬行故古者制國必視車乘之數差其小大而詩頌稱魯衛之富率以馬爲言高麗雖海國而引重致遠不廢車馬然其土地湫隘道途磽确非中華比故輈輪之制轡馭之法亦異云

采輿

采輿三一以奉詔又其一以奉御書前一輿貯大金香毬其制用五色文羅間結錯以錦綉上爲飛鳳四

角出蓮花行則動揺下承以丹漆座四竿各施龍首以控鶴軍四十人捧之前有二人執仗迎引喝起正甚肅王世子與國官迎詔望輿于當道拜之

肩輿

肩輿之制略類胡床籐穿翔鸞花文丹漆間錯塗金爲飾上施錦茵四竿各施綵絲結綏自群山島以造入城每出館必以肩輿奉使副以其禮僭不敢乘唯於前仗中行以爲儀式耳

牛車

牛車之設制作率畧殊無法度下有二轅輪前轅以

牛駕之每載物于其上必以草繩貫繫方免傾覆况其國率皆山路行則嶫屼動搖特為禮具而已

王馬

王之所乘馬鞍韉甚華或金或玉皆朝廷所賜也常馭不施甲唯入開濟共受詔大禮則于馬甲之上復加鞍轡裝以綉帕革帶與繁纓皆有鸞鈫相應亦甚章煥但比中國于鞍後復加綉茵亦猶侍從官之有狨坐也

使節馬

高麗去大金不遠故其國多駿馬然國人不善控馭

其步驟皆自天然不假人力也鞍韉之制唯王所一缺
字以字缺四並以金玉飾官大臣以紫羅綉韉以銀爲
飾餘如契丹之俗亦無等差初使人既到館十日受
詔而所奉鞍馬略如王制使者以其僭侈固辭再四
乃易別馬如國官所乘者上節所乘降使副礼一等
中節又隨等第而殺之

騎兵馬

騎兵所乘鞍韉極精巧螺鈿爲鞍韉鞦轡以栢枝馬
瑙石間錯黃金烏銀爲飾兩韉畫鵝頸與身倍麗人
謂之天鵝條革鳴鸞亦有古意

雜載

麗國多山道路坎壞車運不利又無槖駞可以引重而人所負載甚輕故雜載多用馬其制以二𥓓夾裝橫跨于背應用之物悉置𥓓中絡首鞦肖如乘騎之前引後驅其行頗駛云

宣和奉使高麗圖經卷第十五

宣和奉使高麗圖經卷第十六

官府

臣聞唐虞建官惟百夏商官倍亦克用乂至周而詳天地四時仰觀俯察以道運之而政事舉矣豈復有文具而實不應之弊哉高麗之初建官十（缺二字）級襲夷語以爲之名不事馴雅自漸皇化設官置（缺二字）放稱謂而涖職治事尚沿夷風往往（缺三字）實不應然而慕義之志亦可尚矣

省監

官府之設（缺三字）竊取朝廷美名（缺三字）職授官則實不

稱名徒為文具觀美缺二字尚書省在缺二字門內前有大門兩廊十餘間中為堂三間即令官治事之所政事之所自出也自尚書省之西春宮之南前間一門中列三位中為中書省左曰門下省右曰樞密院即國相平章知院治事之所禮賓省在乾德殿前之側所以掌四鄰之賓客八關司在昇平門之東所以掌齋祭之事御史臺在左同德門內所以張風憲之任翰林院在乾德殿之西所以處詞學之臣尚乘局以貯車馬軍器監以藏甲仗以至賓省之典禮儀閤門之職賛道大盈倉實寶貨之婦右倉即積粟之地凡

此皆在王居內城也自廣化門外言之官道之北則尚書戶部又其東曰工部曰考功曰大樂局曰良醞局四門並北列而南向各有標名道之南則兵刑吏三司其門南列而北向又東南數十步即鑄錢監稍北即將作監也監門千牛金吾三衛在北門內而金吾稍近東所以典兵衛之禁大市京市二司在南大街而東南相望所以平開市之政以至管絃有坊弓箭有司幞頭有所占天有臺凡此皆在外城之內也

又有開城府　城四十里凡民廢婚田鬭訟之事悉總之

國子監

國子監舊在南會賓門内前有大門榜曰

倉廩

倉廩之制不施關鑰外爲墻垣唯開一門以防盜竊内城之内舊有三倉今所見者特古倉耳宣義門之外有倉曰龍門洪州山中有倉曰富用俗傳曰芙蓉非也大義倉舊在西南門積米三百萬經回祿悉爲煨燼遂移于長霸門麗人以衆水所會之地可以厭

天災耳又有海盐常平二倉相去數百步唯當用與右倉不常發以儲兵革水旱之備其積之狀如圓屋正詩所謂亦有高麗也下築土基其高數尺織草為苫中積米穀一石積而致之其高數丈出于墉外上復以草蓋之以蔽風雨蓋米氣不泄則陳腐今高麗倉廩中雖數歲而米亦新者以積苫之法略通其氣耳國相每歲給米四百二十苫致仕中之尚書侍郎而下二百五十苫卿監郎官一百五十苫南班官四十五苫諸軍衛錄事一十九苫其武臣視此等而上之與文官相埒內外見任受祿官三千餘員散官同

正無禄給田者又一萬四千餘貞其田皆在外州佃

軍耕蒔及時輸納而均給之

府庫

奉先庫在廣化門之東去順天館官道之北前門二

間稍東開門左有一堂其制極高出于墻外右有一

樓東面不施窓牖唯于其柱榜云貯水防火盖其中

所藏乃奉先王祭祀牲牢及國忌給齋料于此以施

諸寺焉

藥局

高麗舊俗民病不服藥唯知事鬼神呪咀厭勝為事

自王徽遣使入貢求醫之後人稍知習學而不精通其術宣和戊戌歲人使至上章乞降醫職以爲訓導上可其奏遂令藍茁等往其國越二年乃還自後通醫者衆乃于普濟寺之東起藥局建官三等一曰太醫二曰醫學三曰局生緑衣木笏日涖其職高麗他貨皆以物交易唯市藥則間以錢貨焉

囹圄

囹圄之設其墉高峻形如環堵中亦有屋蓋古圜丘之意也今在官道之南與刑部相對輕罪則付刑部盜及重罪則付獄繫以縲絏無一人得逸者亦有枷

杻之法甚淹延不決有至閱時經歲唯贖金可免凡決杖以一大木横縛二手于上使之著地而後鞭之笞杖極輕自百至十隨其輕重而加損唯大逆不孝乃斬次則反縛髀骨相摩至胸次皮膚析裂乃已亦車裂之類也外郡不行刑殺悉械送缺二字王城每歲八月慮囚夷性本仁死辠多貸而流于山島累赦則以歲月久近量輕重原之

宣和奉使高麗圖經卷第十六

宣和奉使高麗圖經卷第十七

祠宇

臣聞高麗素畏信鬼神拘忌陰陽病不服藥雖父子至親不相視唯知呪咀厭勝而已前史以謂其俗淫暮夜輒男女群聚爲倡樂好祠鬼神社稷靈星以十月祭天大會名曰東盟其國東有穴號襚神亦以十月迎而祭之自王氏有國以來依山築城于國之南以建子月率官屬具儀物祠天後受契丹冊與其立世子亦于此行禮焉其十月東盟之會今則以其月望日具素饌謂之八關齋禮儀極盛其祖廟在國東門

之外唯王初襲封與三歲一大祭則具專服冕圭親祠之其餘則分遣官屬歲旦月朔春秋重午皆享祖禰繪其象于府中率僧徒歌唄晝夜不絕又俗喜浮屠二月望日諸僧寺然燭極繁侈王與妃嬪皆往觀之国人喧闐道路其神祠在百里内者四時遣官祠以太牢又三歲一大祭徧其境内然及期以祠神為名率歛民財聚白金千兩餘物稱是與其臣屬分之此可哂也自王居宫室之外唯祠宇制作頗華諸觀寺唯安和為冠以尊奉宸翰故耳今取其人使道路所歷與夫齋祠游覽耳目所及者圖之其餘不見

制度則略而不載

福源觀

福源觀在王府之北大和門内建于政和間前榜曰敷錫之門次榜曰福源之觀甞聞殿内繪三清像而混元皇帝鬚髮皆紺色偶合聖朝圖繪真聖貌像之意亦可嘉也前此國俗未聞虚静之教今則人人咸知歸仰云

靖國安和寺

安和寺由王府之東北山行三四里漸見林樾清茂藪蘢崎嶇自官道南王輪寺過數十步曲徑縈紆修

松夾道森然如萬戟清流湍激鷲奔嗽石如鳴琴碎
玉橫溪爲梁隔岸建二亭半蘸灘積曰(缺二字)曰漣漪
相去各數百步復入深谷中過山門閑傍溪行數里
入安和之門次入靖國安和寺寺之額即今太師蔡
(缺一字)書也門之西有亭榜曰泠泉又少北入紫翠門
次入神護門門東廡有像曰帝釋西廡堂曰香積中
建無量壽殿殿之側有二閣東曰陽和西曰重華自
是之後列三門東曰(缺一字)翰其後有殿曰能仁殿二
額寔今上皇帝所賜御書也中門曰善法殿後有善
法堂西門曰孝思院後有殿曰孫院堂殿之間有兩

廈其一以奉觀音又其一以奉藥師東廡繪祖師像西廡繪地藏王餘以為僧徒居室其西有齋宮王至其寺則自尋芳門過其位前門曰凝祥北門曰嚮福中為仁壽殿後為齋雲閣有泉出山之半甘潔可愛建亭其上亦榜曰安和泉植花草竹木恠石以為游息之玩非特土木餙粉之功窃窺中國制度而景物清麗如在屏帳中麗人以奎章睿藻在焉奉之尤嚴也今使者至彼率三節官屬從吏拜于御書殿下飯僧祈福日暮歸館實宣和五年七月二日癸丑也

廣通普濟寺

廣通普濟寺在王府之南泰安門内直北百餘步寺額揭于官道南向中門榜曰神通之門正殿正雄壯過于王居榜曰羅漢寶殿中置金仙文殊普賢三像旁列羅漢五百軀儀相高古又圖其像于兩廡焉殿之西為浮屠五級高逾二百尺後為法堂旁為僧居可容百人相對有巨鐘聲抑而不揚故事以礼物之餘馬及高麗所遺使副者凡二疋益以白金二斤為香花菓蔌之具以作佛事飯僧徒使副不躬往唯遣都轄提以下三節行禮焉

興國寺

興國寺在廣化門之東南道旁前直一溪爲梁横跨大門東缺十一字亦甚雄壯庭缺十二字餘丈其形上鋭逐缺三字以缺一字金塗之上缺二字鳳首銜錦幡餘寺缺四字安和者書云大宋皇帝聖壽萬缺五字之意出于誠心宜其被遇聖朝眷寵懷徠之

國清寺

國清寺在西郊亭之西相去三里許長廊廣廈喬松怪石互相映缺一字景物清秀側有石觀音峭立崖下頃人使所過道經國清寺門其褐衣僧徒百十輩群出觀之

王城内外諸寺

興王寺在國城之東南維出長覇門二里許前臨溪流規模極大其中有元豐閒所賜夾紵佛像元符中所賜藏經兩壁有畫王顒常語崇寧使者劉逵等云此文王詡德山遺使告神宗皇帝模得相國寺本國人得以瞻仰上感皇恩故至今寶惜也稍西即洪圓寺入長覇門溪北為崇化寺南為龍華寺後華一小山有彌陀慈民二寺然亦不甚完葺崇教院在會賓門内普濟道日（缺一字）善三寺在太安門内鼎足而峙陽官道之北由崧山又有奉先彌勒二寺並列稍西

即大佛寺也王府之東北與春宮相距不遠有二寺
一曰法王次曰印經由太和北門入則有龜山王輪
二寺乃適安和寺所由之途也廣真寺在將作監之
東普雲寺在長慶宮之南自崇仁門出正東即洪護
寺又東北出安定門則有歸法靈通二寺唯順天館
之北有小屋數十間榜曰順天寺自人使至館一月
僧徒晝夜歌唄不絶榜云以祈國信使副一行平善
蓋由衷之信非一時矯僞也又築燕島有濟物寺群
山島有資福寺殿與門廡之外亦無堂室其徒三二
人而止爾凡此者以其屋宇隘陋且多故略其圖而

載其名焉

崧山廟

崧山神祠在王府之北自順天館出至兵部直北沿溪行過龜山寺福源觀出北昌門行五里許山路崎嶇喬崧森蔭俯視城中如指諸掌其神本曰高山國人相傳祥符中契丹侵逼王城神乃夜化松數萬作人語虜疑有援即引去後封其山為崧以祠奉其神也民有災病施衣獻良馬以禱比者使至六月二十六日丁未遣官致祭祠宇尚遠唯至半山設酒饌望而拜之遵舊典也

東神祠

東神祠在宣仁門内地稍平廣殿宇卑陋廊廡三十間荒涼不葺正殿榜 東神聖母之堂以帟幕蔽之不令人見神像蓋刻木作女人狀或云乃夫餘妻河神女也以其生朱蒙為高麗始祖故祠之舊例使者至則遣官設奠其牲牢酌獻如禮崧山神式

蛤窟龍祠

蛤窟龍祠在（缺一字）水門上隙小屋數間中有（缺一字）像舟行水淺不可近唯舟師輩以小艇迎而祭之頃者使至彼設祭之明日有一小蛇（缺一字）色咸謂神化亦

猶彭蠡順濟之顯異也乃知神物無處不在朝廷靈

威所格雖蠻貊之邦行矣

五龍廟

五龍廟在群山島客館之西一峯上舊有小屋在其

後數步今新制獨有兩楹一室而止正面立壁繪五

神像舟人祀之甚嚴又其西南大林中有小祠人謂

崧山神别廟云

宣和奉使高麗圖經卷第十七

宣和奉使高麗圖經卷第十八

道教

臣聞高麗地瀕東海，當與道山仙島相距不遠，其民非不知向慕長生久視之教，第中原前此多事征討，無以清淨無爲之道化之者。唐祚之興，尊事混元始祖，故武德間高麗遣使丐諸道士至彼，講五千文，開釋玄微。高祖神堯奇之，悉從其請。自是之後，始崇道教，踰于釋典矣。大觀庚寅，天子眷彼遐方，願聞妙道，因遣信使以羽流二人從行，遴擇通達教法者以訓導之。王俁篤于信仰，政和中始立福源觀，以奉高真

道士十餘人然晝處齋宮夜歸私室後曰言官論列稍加法禁或聞俁享國日常有意授道學之籙期以易胡教其志未遂若有所待然

道士

道士之服不以羽衣用白布爲裘宅巾西帯比之民俗特其袖少褒裕而已

釋氏

浮圖之教始出天竺遂傳四夷其法深盛高麗雖在海東聞自清涼法服一枝東渡之後僧徒頗知性理嘗於普濟寺僧堂見其揭榜示衆大略云言不足以

載道久矣太子經卷皆藥病之說正法眼藏無所付囑世尊于是舉花而示有微笑者至于子孫言辨相示謂之談禪無乃妄乎靈山之會唯一迦葉其可容易期于衆人昔人猶愛羊存而禮之大義不忘又況言說之筌足以得其意哉柳聞之說詩者貴在以意逆志吾宗亦然蓋言以索意〻之所隨不可以言傳則亦在乎默而識之尚何數〻于文言之本乎觀凡數百言深契宗旨佛像供具皆悉脩潔幡華繒蓋行列有序大經則有華嚴般若小者不可悉數亦有本繙自中國能爲華言者嘗令誦之歷〻可聽至其梵

唄則又缺舌不復可辨矣其鐃鈸形制小而聲悲至其螺聲則洪大如號焉先是元豐間上節使臣宋密殁于紫燕島自後使至必于濟物寺飯僧致祭上節以次羅拜墓下比者銜命至彼亦襲前例雖存殁恩義理固宜爾然人心初到異邦遠懷鄉國遽覩客殯無不霑灑蓋出使絶域唯遼東為難海洋阻隔危險萬態得獲全濟復命于朝豈不幸歟自非倚仗缺二字

王靈則其不墊于蛟蜃之腹者幾希豈釋氏專能持獲哉今圖其衣服制度以考同異云

國師

國師之稱蓋如中國之有僧職綱維也其上一等謂之王師王見則拜之皆服山水納袈裟長袖偏衫金跋遮下有紫裳烏革鈴履人物衣服雖略與中華同但麗人大抵首無枕骨以僧祝髮乃見之頗可駭訝晋史謂三韓之人初生子便以石壓其頭令偏非也蓋由種類資禀而然未必曰石而偏

三重和尚太師

三重和尚長老律師之類也服紫黄貼相福田袈裟長袖偏衫下亦紫裳位在國師之上講説經論傳習性宗擇聰恵辨慱者為之

阿闍梨大德

阿闍梨大德位降三重和尚一等分隸教門職事其服短袖偏衫壞色掛衣五條下有黃裳國師三重不過數人而阿闍梨一等人數極衆未究厥首

沙彌比丘

沙彌比丘自幼出家未經受具壞色布衣亦無貼相戒律既高方易紫服次第遷升乃有袖衣盖高麗僧衣唯以磨衲爲最重耳

在家和尚

在家和尚不服袈裟不持戒律白紵窄衣束腰皂帛

徒跣以行閒有穿履者自爲居室娶婦鞠子其于公上負載羆用掃除道路開治溝洫修築城室悉以從事邊陲有警則團結而出雖不閑于馳逐然頗勇壯其趨軍旅之事則人自裹粮故國用不費而能戰也中閒契丹爲麗人所敗正賴此輩其刑餘之役人夷人以其髡削鬚髮而名和尚耳

宣和奉使高麗圖經卷第十八

宣和奉使高麗圖經卷第十九

民庶

臣聞高麗地封未廣生齒已衆四民之業以儒為貴故其國以不知書為恥山林居多地鮮平曠故耕作之農不迨工技州郡土産悉歸公上商賈不遠行唯日中則赴都市各以其所有易其所無熙熙如也然其為人寡恩好色泛愛重財男女婚娶輕合易離不法典禮良可哂也今繪其國民庶而以進士冠于篇

進士

進士之名不一王城之内曰土貢郡邑曰鄉貢萃于

國子監合試幾四百人然後王親試之以詩賦論三題中格者官之自政和間遣學生金端等入朝蒙恩賜科第自是取士間以經術時務策較其程試優劣以爲高下故今業儒者尤多蓋有所向慕而然耳其服四帯文羅巾皂紬爲裘黑帯革履預貢則加帽登第則給青蓋僕馬遨遊城中以爲榮觀也

農商

農商之民農無貧富商無遠近其服皆以白紵爲袍烏巾四帯唯以布之精粗爲別国官貴人退食私家則亦服之唯頭巾以兩帯爲辨間亦徒行通衢吏民

見者避之

工技

高麗工技至巧其絶藝悉歸于公如幞頭所將作監乃其所也常服白紵袍皂巾唯執役趨事則官給紫袍亦聞契丹降虜數萬人其工技十有一擇其精巧者留于王府比年器服益工第浮僞頗多不復前日純質耳

民長

民長之稱如鄉兵保伍之長也卽民中選富足者爲之其聚落大事則赴官府小事則屬之故隨所在細

民顯尊事爲其服文羅爲巾皂紬爲裘黑角束帶烏革句履亦與未預貢進士服飾相似也

舟人

高麗頭巾唯是重文羅一巾之價准米一石細民無貲可得復恥露頭與罪囚無别故作竹冠以冠之或方或圓初無定制短褐被體下無袴襦每舟十餘人夜則鳴櫓鼓枻謳歌互答嘵嘵如鶩鷺群鳴略無毅律情義蓋其俗然也

宣和奉使高麗圖經卷第十九

宣和奉使高麗圖經卷第二十

婦人

臣聞三韓衣服之制不聞染色唯以花文為禁故有御史稽察民服文羅花綾者斷罪罰物民庶遵守不敢慢令舊俗女子之服白紵黃裳上自公族貴家下及民庶妻妾一槩無辨頃歲貢使趨闕獲朝廷賜予一等冠服遂以從化今王府與国相家頗有華風更遲以歲月當如草偃矣今姑摭其異于中國者圖之

貴婦

婦人之飾不善塗澤施粉無朱柳眉半額皂羅蒙首

製以三幅〻長八尺自頂垂下唯露面目餘悉委地白紵爲袍略如男子製文綾寬袴裹以生絹欵其褻裕不使着體橄欖勒巾加以采絛金鐸佩錦香囊以多爲貴富家藉以大席侍婢旁列各執巾瓶雖盛暑不以爲苦也秋冬之裳間用黄絹或深或淺公卿大夫之妻士民游女其服無别或云王妃夫人以紅爲尚益加繪繡国官庶民不敢用也

婢妾

官府有媵國官有妾民庶之妻雜役之婢服飾相類其執事服勤故蒙首不下垂疊于其頂樞衣而行手

雖執扇羞見手爪多以絳囊蔽之

賤使

婦人之髻貴賤一等垂于右肩餘髮被下束以絳羅貫以小簪細民之家特無蒙首之物盖其直唯白金一斤力所不及非有禁也亦復旋裙製以八幅插腋高繫重疊無數以多爲尚其富貴家妻妾製裙有累至七八疋者尤可笑也崇寧間從臣劉逵吳拭等奉使至彼值七夕會館伴使柳伸顧作樂女倡謂使副曰日本國梳得頭髮慢必是古來墮馬髻逵等荅云墮馬髻乃東漢梁冀妻孫壽所爲似不足法伸等唯唯

然至今仍貫不改豈自其舊俗椎結而然耳

貴女

蠻夷之服雖略相類亦無定制人使初入城夾道樓觀閒時見凭欄有此一等女子總十餘歲當是未嫁之人亦不披髮而黃衣又非暑服所宜　試詰之終不審諦或云是王府小兒之服耳

女子

民庶之家女子未嫁紅羅束髮其餘披下男子亦然特易紅為黑繩耳

高麗法置官婢世代相承故自王府國官觀寺皆給之其於執役肩不勝任負于背上其行甚駛雖男子不如也

戴

負戴之役其勞一等水米飯歠並貯銅罌不以肩舁加于頂上罌有二耳一手扶持摳衣而行背負其子考之手經頒白者不負戴于道路以其用力良勞非筋骨有加蓋不能也其子附之所謂襁負其子而至歟

宣和奉使高麗圖經卷第二十

宣和奉使高麗圖經卷第二十一

皂隸

臣聞諸蠻之國雕題交趾被髮文身豺狼與居麋鹿與游豈復知張官置吏之法哉唯高麗則不然衣冠禮儀君臣上下燦然有文法以相援也向置臺省院監外置州府郡邑設官分職逯吏任事在上則舉其綱目在下則任其繁劇雖一国之事簡而當理追胥呼索但片紙數字民不敢失其期會也故自中書給事中樞堂官以至夫民長無敢怠豫其國官吏遇諸途必跪拜鞠恭言事則膝行而前上手柢面以聽奉

之自非久陶聖化能若是乎今自吏職以迄驅使並列圖于左

吏職

吏職之服與庶官服色不異但綠衣時有深淺舊傳高麗倣唐制衣碧今詢之非也蓋其國民貧俗儉一袍之費動準白金一斤每經澣濯再染色深如碧非是別一等服也然省府補吏不限流品貴家之子弟時亦爲之今此青服當是吏之世襲者耳

散員

散員之服紫羅窄衣幞頭革履如中華班直殿侍之

類也武臣子弟兵衛出職皆補之每人使至則捧盤授爵執衣侍巾皆用之

人吏

人吏之稱非比省府之職也蓋倉廩司屬州縣出納金穀布帛之流皂衣幞頭烏革句履時于街市稠人中見之或云趨官府則間有易色衣者

丁吏

丁吏蓋丁壯之人初置吏者也舊說轉為頂禮蓋是語音訛謬自此升補為吏曰吏而後授官自令官而下各給丁吏以備使令視官品而為多寡之差其常

執事則文羅頭巾人使至則加幘每貴臣從者一二人唯伴官屈使從者與使副所給一等服飾耳

房子

房子使館之給役者也每房自使副缺三字官品高下而爲之多寡其服文羅頭巾紫衣角帶皂屨盖擇善供應者爲之覘其守缺一字盖甚又善筆札高麗俸禄至薄唯給生米蔬茹而已常時亦罕食肉每人使至正當大暑飲食臭惡必推其餘與之飲啗自如而又以其餘歸遺于家至禮畢出館泣數行下大抵麗人之于中國其情如厚故雖房子亦懷惓惓焉

小親侍

小親侍紫衣頭巾復被其髮蓋宮帷中所使小童也王之貴戚與從臣時亦給之麗人大率未娶者皆褁巾而被髮于後既娶而後束髮其爲小親侍皆纔十餘歲稍長則出官焉

驅使

驅使與仙郎相類大抵皆未娶之人在貴家子弟則稱仙郎故其衣或紗或羅皆皂也又有一等縿袖烏巾即厮官小吏之奴名驅使者也

宣和奉使高麗圖經卷第二十一